📖 주제
· 자유 · 법 · 진로 · 의무

📖 활용 학년 및 교과 연계

초등과정	1-1 통합	봄1 > 1. 학교에 가면
	4-1 국어	1. 생각과 느낌을 나누어요
	5-1 사회	2. 인권 존중과 정의로운 사회
	6-1 과학	1. 과학자처럼 탐구해 볼까요?
	6-2 사회	3. 인권 존중과 정의로운 사회

내 맘대로 하면 안 돼?

초등 첫 인문철학왕
내 맘대로 하면 안 돼?

초판 1쇄 발행 2023년 3월 30일

글쓴이 한혜진 | **그린이** 원정민 | **해설** 현남숙
기획편집 이정희 | **편집** 박주원
디자인 문지현 이유리 | **생각 실험 디자인** 김윤현

펴낸이 이경민 | **펴낸곳** ㈜동아엠앤비
출판등록 2014년 3월 28일(제25100-2014-000025호)
주소 (03972) 서울특별시 마포구 월드컵북로22길 21, 2층
전화 (편집) 02-392-6901 (마케팅) 02-392-6900 | **팩스** 02-392-6902
홈페이지 www.moongchibooks.com | **전자우편** damnb0401@naver.com | **SNS**

ISBN 979-11-6363-611-3(74100)

※ 잘못된 책은 구입한 곳에서 바꿔 드립니다.
※ 이 책에 실린 사진은 셔터스톡, 위키피디아, 게티이미지뱅크(코리아)에서 제공받았습니다. 그 밖의 제공처는 별도 표기했습니다.

도서출판 뭉치는 ㈜동아엠앤비의 어린이 출판 브랜드로, 아이들의 지식을 단단하게 만들어 주고, 아이들의 창의력과 사고력을 키워 주어 우리 자녀들이 융합형 사고뭉치와 창의뭉치로 성장할 수 있도록 좋은 책을 만들겠습니다.

 자유

한국 철학교육 학회 추천도서

내 맘대로 하면 안 돼?

글쓴이 한혜진 그린이 원정민
해설 한국 철학교육연구원 현남숙

내 맘대로 하는 게 진정한 자유일까?

뭉치

'질문'의 힘! '생각'의 힘!
'미래 인재'로 가는 힘!

　어린이와 학부모님들께 《초등 첫 인문철학왕》을 추천할 수 있어서 매우 기쁩니다. 어린이들이 이 시리즈를 통해 '나'에 대해, 나와 공동체 사이의 소통에 대해, 세상의 이치와 진리에 대해 마음껏 질문하고 생각하기를 바라기 때문입니다. 그렇게 되면 창의적으로 문제를 해결하는 힘 또한 커질 수 있다고 믿기 때문이지요.

　'제4차 산업혁명의 시대'라는 말처럼 우리는 모든 것이 혁신적으로 변화하는 시대에 살고 있습니다. 스마트폰, 인공 지능, 첨단 로봇 등 새로운 기술과 지식이 나오는 속도도 이전과 비교할 수 없을 정도로 빨라졌지요. 세상에 넘쳐나는 지식과 정보는 이제 누구나 쉽게 구할 수 있고, 개인의 두뇌에 담아낼 수 있는 용량을 넘어선 지 오래입니다. 결국 이 시대의 아이들에게 필요한 것은 지식보다는 그 지식을 다루는 지혜와 창의성 아닐까요?

　7차 교육과정 개정 이후 학교 교육도 이러한 시대 흐름에 맞추어 미래 사회가 요구하는 인문학적 상상력과 과학기술 창조력을 두루 갖춘 창의융합형 인재를 양성하는 것을 목표로 합니다.

　'철학'은 '지혜를 사랑하는'이란 뜻을 가진 말입니다. 이 학문은 여러분처럼 모든 것에 호기심 많았던 철학자들로부터 시작됩니다. 아주 오래전부터 인간, 사회, 자연, 우주, 진리 등 다양한 분야에서 다른 사람들보다 더 깊이, 더 많이, 그리고 아주 끈질기게 했던 수많은 질문과 탐구를 하며 만들어졌습니다.

마치 높은 곳에 올라가면 마을 전체를 내려다볼 수 있는 넓은 시야를 얻게 되듯이, 철학을 한다는 것은 하나의 문제를 더 큰 눈으로 볼 수 있게 되는 것이랍니다. 그러면 어떤 점이 좋을까요? 더 넓게 보는 눈, 더 깊이 있게 보는 눈, 다른 사람들이 생각하지 못한 부분들을 상상하고 찾아낼 수 있는 눈이 생깁니다. 또 우리 앞의 문제들을 자신만의 창의적인 방법으로 해결할 수도 있고, 그 문제를 해결하다가 다른 더 큰 문제를 발견하여 미리 처리할 수도 있습니다.

《초등 첫 인문철학왕》은 바로 그러한 생각의 눈을 아주 활짝 열어 줄 것입니다. 주제와 관련된 재미있는 동화, 이와 연결된 깊이 있는 인문 해설과 철학 특강, 창의·탐구 활동 등으로 구성된 시리즈는 아이들이 세상에 넘쳐 나는 지식을 지혜롭게 다루는 힘을 길러서, 문제해결력을 갖춘 창의적 인재로 성장할 수 있게 해 줄 것입니다.

그러니 이 책을 읽으며 여러 분야에서 떠오르는 호기심과 질문들을 혼자만 가지고 있지 말고 친구, 가족과도 나누어 보시길 바랍니다. 모두가 질문하고 생각하는 힘이 생긴다면, 어려운 문제들을 함께 해결해 나가는 공동체를 만들 수 있겠지요?

이 책을 읽는 여러분들 모두, 그런 멋진 공동체를 하나둘 만들어 나가는 지혜로운 미래 인재가 되기를 기대합니다.

이지애 드림
(이화여대 철학과 부교수, 한국 철학교육 학회 회장)

초등 첫 인문철학왕
이렇게 활용하세요!

생각 실험

생각 실험은 어떤 사실을 알기 위해 여러 가지 실험과 사례를 연구하는 것이에요. 철학이나 자연 과학 분야 등에서 널리 사용되는 방법이에요. 권마다 주제에 관련된 실험, 유명한 인물의 사례 등을 읽으며 상상력과 문제 해결력을 키워 보세요.

만화 & 동화

인문 철학 주제별로 아이들의 생활 세계 속 이야기, 패러디 동화 등이 다양하게 펼쳐져요. 처음과 중간은 만화, 본문은 그림 동화로 되어 있어서, 재미난 이야기에 푹 빠질 수 있어요.

인문철학왕되기

오랫동안 어린이들과 함께 철학 수업을 연구하고 진행해 온 한국 철학교육연구원 소속 교수와 연구진들이 집필했어요.

소쌤의 철학 특강, 인문 특강, 창의 특강으로 구성되었어요. 주제와 이야기 안에 숨겨진 철학적 문제들에 대해 함께 답을 찾아갈 수 있도록 깊이 있는 토론과 특강, 그리고 재미있는 활동으로 구성되었어요.

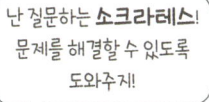

난 질문하는 **소크라테스**! 문제를 해결할 수 있도록 도와주지!

난 **뭉치**. 같이 생각하고 토론하지!

난 늘 창의적인 **새롬**이!

난 생각이 깊은 **지혜**!

교과 연계

각 권마다 최신 개정 교과서 단원과 연계되어 교과 학습에 도움이 되도록 구성되었어요. 권별로 확인하세요.

이 책의 차례

추천사 4

구성과 활용 6

생각 실험 자유가 지나치면 어떻게 될까? 10

만화 모두가 자유로울 수 있을까? 20

수업 시간에 게임을 한다고? 22
- **인문철학왕되기1** 자유란 무엇일까?
- **소쌤의 인문 특강** 자유에는 어떤 것이 있을까?

게임보다 친구 44
- **인문철학왕되기2** 다른 사람의 자유와 나의 자유가 충돌한다면?
- **소쌤의 철학 특강** 나의 자유는 어디까지 허용될까?

| 만화 | 게임만 하는 건 이제 싫어 | 62 |

내 꿈은 만화 작가 68
- 인문철학왕되기3 다 함께 자유를 누리려면 지켜야 할 것
- 소쌤의 창의 특강 기게스의 반지가 우리 손에 있다면?

하고 싶은 것, 해야 하는 것 90
에필로그 104
- 인문철학왕되기4 만일 나라면?
- 창의활동 출구 찾아 미로 탈출하기

생각실험

자유가 지나치면
어떻게 될까?

1960년대는 전쟁에 반대하는 반전 운동, 약자들에 대한 차별에 반대하는 인권 운동 등이 휩쓸던 시기였어요. 이러한 흐름은 미국, 유럽을 넘어 아시아로도 퍼졌어요. **자유를 원하는 사람들의 목소리가 곳곳에서 터져 나오던 시기였지요.**

히피(hippie) 운동은 이 시기 미국의 청년층에서부터 시작됐어요. 사회가 정한 규칙과 제도에서 벗어나 자유를 찾고자 했던 사람들의 운동이지요.

당시 사회 분위기는 어땠을까요? 사람들은 부자가 되기 위해 열심히 일해야 했고, 개인의 개성보다 그 사회의 규칙을 중요시했지요. 힘이 센 국가는 다른 나라에게 참견할 수 있었고요.

'미국 해병대가 남자를 만든다'는 문구의 베트남 전쟁 병사 모집 포스터와 부대 파견 장면이야.

청년들은 이러한 사회의 분위기를 바꾸고자 했어요. 그들은 전쟁에 반대했고, 인종이나 성별로 인한 차별에 반대했으며, 가족 중심의 문화에도 반대했어요.

반전 운동과 히피 문화가 만나 폭발적인 인기를 끌었던 우드스탁 페스티벌 포스터야.

히피족은 이 흐름의 중심에 있었어요. **히피들은 취직이 보장된 미래를 버리고 가난하더라도 자신이 좋아하는 일을 하며 살고자 했어요.** 심지어 자본주의에 대한 거부의 표현으로 돈을 태우기도 했어요. 개성을 표현하기 위해 남성은 머리와 수염을 기르고 맨발에 샌들을 신었고, 여성은 노출이 심한 옷을 입기도 했어요.

히피족은 기존 사회의 부당한 제도나 관습으로부터 벗어나려 했다는 면에서 자유를 추구했다고 볼 수 있어요. 하지만 **일부 히피들은** 하루 종일 술, 음악, 마약에 취해 살기도 했어요. 범죄 활동을 벌이는 히피족도 있었어요.

술과 마약을 하며 시간을 보내는 건 낭비 아닐까요?

수업 시간에 게임을 한다고?

"민수야, 많이 속상하지? 미안해. 괜히 게임 가르쳐 달라고 조르는 바람에……."

정호가 점심시간 내내 엎드려 있는 민수를 토닥거렸어요. 민수는 땅이 꺼져라 한숨을 내뱉더니, 책상을 퉁퉁 내리쳤어요. **민수 머릿속은 온통 선생님한테 빼앗긴 휴대폰 생각뿐이었어요.**

2교시 쉬는 시간, 민수는 친구들 몰래 정호에게 새로운 게임을 알려 주려고 했어요. 그런데 친구 서너 명이 단박에 눈치 채고는 우르르 몰려들었어요. 민수와 친구들은 작은 휴대폰에 집중하느라 선생님이 뒤에 와 있는지도 몰랐어요. 민수는 끝내 벌점과 휴대폰을 맞바꾸고 말았지요. 민수는 종일 풀이 죽어서 말도 안 하

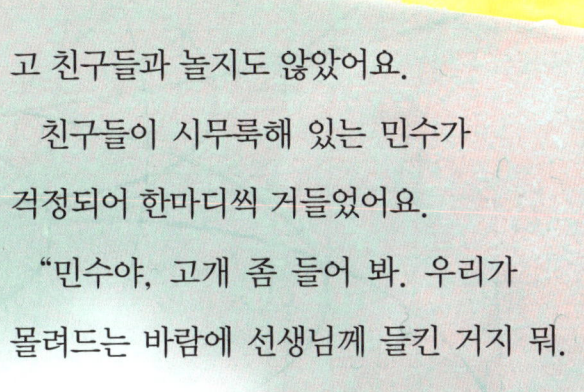

고 친구들과 놀지도 않았어요.

친구들이 시무룩해 있는 민수가 걱정되어 한마디씩 거들었어요.

"민수야, 고개 좀 들어 봐. 우리가 몰려드는 바람에 선생님께 들킨 거지 뭐. 미안해."

"그런데, 쉬는 시간은 자유 시간이 잖아. 쉬는 시간에 휴대폰을 보는 게 나쁜 거야?"

"우리 반 규칙을 어긴 거잖아. 등교하면 휴대폰을 내는 게 규칙이니까."

정호가 민수를 흘끔 보면서 조심스럽게 말했어요.

"칫, 선생님이 3학년 첫날 얘기하셨던 거잖아. 그럼 선생님이 우리의 자유를 빼앗는 거네?"

민수가 고개를 번쩍 들더니 친구들을 휘 둘러보며 말했어요.

아이들은 서로 번갈아 보며 고개를 끄덕거렸어요. 모두 쉬는 시간은 자기가 하고 싶은 대로 하는 시간이라고 생각했어요. 민수는 함께해 주는 친구들이 고마웠지만, 빼앗긴 휴대폰을 돌려받을 수는 없었지요.

수업 시작 종이 울리자, 친구들은 서둘러 자리로 돌아갔어요.

5교시는 사회 수업이었어요. 선생님은 칠판에 '우리 사회의 법과 규범'이라고 썼어요.

"법은 우리가 지켜야 할 약속이란다. 그러면 약속은 왜 할까?"

선생님이 질문을 던지고 아이들을 쳐다봤어요.

"지키라고 하는 거예요."

모두 한목소리로 우렁차게 대답했지만, 민수는 뾰로통한 표정으로 입만 움찔거리며 흉내 냈어요. 쉬는 시간에 선생님한테 휴대

폰을 빼앗긴 게 지금 생각해도 너무 억울했거든요.

선생님은 몇 가지 예를 들어 가며 법을 왜 지켜야 하는지 설명했어요.

법은 강제로 지켜야 하지만, 모든 사람의 자유와 권리를 보호해 주어요. 그래서 누구나 꼭 지켜야 한다고 했어요. 신호등 색깔도 하나의 약속이에요. 빨간불이면 멈추고, 초록불일 때 건너잖아요. 길을 건너는 자유를 막지만 신호등은 모두의 안전을 위해 꼭 필요한 약속이에요.

법에 대한 설명을 끝내고 선생님은 나라마다 독특한 법에 대해서도 알려 줬어요. 미국 플로리다주는 목요일 오후 6시부터 12시까지 공공장소에서 방귀 뀌는 걸 금지한대요. 미국 캘리포니아주는 어린이 건강을 위해 무거운 가방을 못 들게 하고요. 싱가포르는 길거리에서 풍선껌을 씹으면 벌금을 내야 한대요.

"그런 게 진짜 법이라고요?"

"선생님, 방귀 뀌는 걸 어떻게 확인하나요? 뽕뽕거리는 소리로 찾나?"

방귀 얘기에 아이들이 눈을 반짝거리며 귀를 쫑긋 세웠어요.

"그럼 소리 없는 방귀는 어떻게 찾아? 고약한 냄새로? 근데 누가 냄새를 맡지?"

"글쎄, 경찰견이 하지 않을까? 미국 경찰견은 방귀 냄새 맡는 특수 훈련을 받나 봐. 정말 웃기다. 히히히."

"방귀 뀌고 도망가면 경찰견이 잡으러 오나요? 물면 어떻게 해요? 하하하!"

아이들 모두 까르르 웃으며 한마디씩 툭툭 뱉어 냈어요.

"독톡한 법은 또 있어. 사우디아라비아는 포켓몬고 게임을 법으로 금지한단다."

선생님도 장난치듯 웃으며 얘기했어요.

"아니, 게임을 법으로 못하게 정했다고요? 너무하네!"

아이들은 믿을 수 없다는 듯 소리 내어 웃었어요.

"얘들아, 세상에는 이처럼 특이한 법이 꽤 많단다. 혹시 너희도 우리 반에서 지켜야 할 특별한 법을 만들고 싶지 않니? 너희가 직접 법을 만들어 지켜 보면, 법에 대해 더 확실히 알 것 같은데."

선생님은 싱긋 웃으며 아이들을 둘러보았지만, 모두 입을 꾹 다물고 서로 쳐다만 보았어요.

민수 머릿속에서 뭔가 빠르게 휙 스쳐 지나갔어요.

'게임 금지법이 있다면, 게임 할 수 있는 법도 있어야 하잖아.'

얼굴이 밝아진 민수가 갑자기 손을 번쩍 들었어요.

"민수가 먼저 발표해 볼래?"

"교실에서 친구들과 같이 게임을 할 수 있으면 좋겠습니다. 모두 게임을 좋아하는데, 같이 하면 더 즐겁지 않을까요? 저는 수업 시간에 게임을 할 수 있는 게임 법을 제안합니다."

"뭐, 수업 시간에……!"

"게임 수업이라고……?"

모두 놀란 듯 한마디씩 뱉으며 환호성을 질렀어요. 선생님이 당황한 듯 잽싸게 다른 곳으로 눈길을 돌렸어요.

"음, 또, 또 다른 제안은 없을까?"

선생님은 이쪽저쪽으로 빠르게 고개를 돌렸지만, 아이들은 실실 웃으며 아무도 손을 들지 않았어요.

그때 학급 회장인 지혜가 슬며시 손을 들었어요.

"저는 반대입니다. 수업 시간에 게임이 말이 되나요? 게임을 좋아하는 친구도 있지만, 싫어하는 친구도 있습니다."

"그렇구나. 좋은 의견이야. 또, 다른 의견 없니?"

선생님은 다시 고개를 돌리며 주변을 살폈어요. 다른 의견을 물었지만, 모두 눈만 말똥말똥 뜨고 입을 꾹 다물었어요. 선생님 이마에 식은땀이 송골송골 맺혔어요.

"선생님, 빨리 투표해요."

"반대 의견도 들어 봤으니, 투표로 결정하면 되잖아요."

선생님은 할 수 없다는 듯 서랍에서 투표용지를 꺼내 왔어요. 그러고는 투표 방법에 대해 자세히 알려 줬어요. 아이들은 투표용지를 받고 키득키득 웃었어요. 법이 통과되면 수업 시간에 진짜 게임을 할 수 있잖아요.

투표가 끝나자 선생님이 앞으로 나왔어요.

"투표용지 안 낸 친구는 없겠지? 다시 말하지만 반 학생들의 3분의 2, 즉 13표 이상 나와야 3학년 6반 법으로 통과되는 거야. 2주 후 다시 중간 투표할 때까지 싫든 좋든 이 법을 지켜야 하는 거고. 알겠지?"

선생님은 아이들을 보면서 차분하게 얘기했어요.

선생님이 투표용지를 꺼내면 지혜가 숫자를 칠판에 썼어요. 민수의 생각대로 찬성표가 많이 나왔지만 끝까지 안심할 수는 없었어요.

찬성 12, 반대 7. 이제 마지막 한 표만 남았어요. 선생님이 마지막 투표용지를 집어 올렸어요. 그러고는 손을 쭉 뻗어 투표용지를 펼쳐 보였어요. 종이에는 '찬성'이라고 적혀 있었어요. 모두 소리

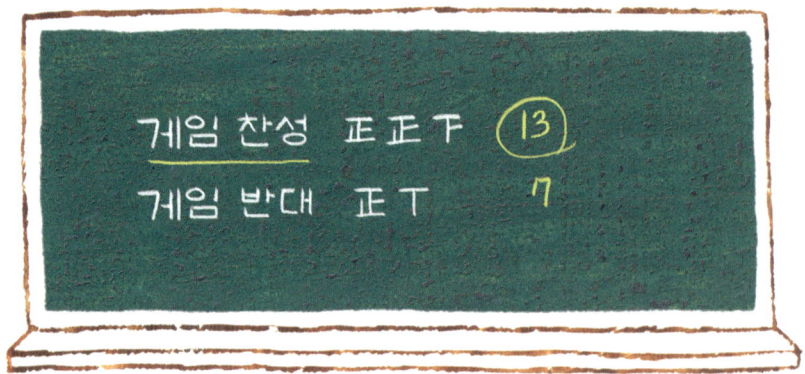

지르며 손뼉을 치고 책상을 두드렸어요.

게임 수업은 매주 화요일, 금요일 3교시 창체 시간에 하기로 정해졌어요. 수업이 끝나면 지금처럼 휴대폰을 반납해야 하고, 지키지 않으면 벌점을 받아야 했어요.

"창체 시간이 바로 내일이네. 모두 즐겁게 게임 수업에 참여해 주길 바라."

선생님이 어색한 미소를 지으며 얘기했어요.

"선생님, 다른 활동을 해도 되나요? 저는 휴대폰으로 애니메이션을 보고 싶어요."

지혜는 조심스럽게 말을 꺼내며 주위를 슬쩍 살폈어요.

"지혜야, 같이 정한 규칙이니 게임 수업 시간에는 게임을 했으면 한다. 함께 지키려고 노력하는 것도 중요해."

지혜는 투표 결과에 실망했어요. 수업 시간에 게임을 한다는 게 이해할 수 없었어요.

다음 날, 2교시 쉬는 시간이었어요. 3학년 6반 아이들은 쉬는 시간부터 휴대폰을 들고 분주히 돌아다녔어요. 민수도 여기저기 돌아다니며 게임을 하고, 친구들에게 새로운 게임도 알려 줬어요.

그러다 지혜와 눈이 마주쳤어요. 지혜에게 게임을 알려 주고 싶었지만 선뜻 용기가 나지 않았어요. 어제 지혜가 한 말이 생각났거든요. 민수는 주위를 맴돌다가 지혜에게 슬쩍 다가갔어요.

"지, 지혜야. 게임도 배우면 잘 할 수 있는데……."
민수가 조금 당황했는지 말을 더듬었어요.
"아니, 배우고 싶지 않아. 하기 싫어!"
지혜의 대답이 짧았어요. 표정도 어두웠어요.

쉬는 시간이 끝나고 게임 수업이 시작되었어요. 모두 설레고 들뜬 표정이었어요. 민수는 아이들 얼굴을 보자 기분이 좋아 하늘을 날 것만 같았어요. 게임 법을 만든 자신이 무척 자랑스럽고, 찬성해 준 친구들이 너무 고마웠어요.
"민수야, 게임 좀 가르쳐 주라. 공부보다 게임이 더 어려워."
연지가 민수에게 다가와 휴대폰을 내밀었어요.
"나도."
정호도 같이 따라와 배시시 웃으면서 머리를 긁적였어요.
민수는 초보자에게도 쉬운 스타 드래곤 게임을 알려 줬어요. 게임을 직접 하면서 정호, 연지에게 방법을 설명했어요. 정호와 연지는 쉽게 따라 하며 금세 배웠어요.
"와, 둘 다 스타 드래곤 해본 적 있어? 왜 이렇게 잘해?"
몇 번을 연습한 뒤 팀을 짜서 다시 게임을 시작했어요.

"쭉 나가, 나가. 내가 뒤를 맡을게."

민수는 대장이라도 된 것처럼 큰 소리로 정호와 연지에게 명령했어요.

"알았어. 얼른 깃발 꽂으란 말이야. 어어, 뒤를 조심해."

"무기 바꿔! 얼른, 빨리!"

셋은 무시무시한 우주 괴물을 한번에 물리쳤어요.

"와! 너무 재미있다."

정호는 싱글벙글 웃으며 만세를 부르듯 두 손을 높이 올렸어요. 게임하는 소리, 떠드는 소리에 교실은 운동장보다 더 소란했어요. 게임을 싫어하는 몇몇은 얼굴을 찌푸리고 멀뚱멀뚱 휴대폰만 쳐다봤어요.

"게임 수업에 다른 활동을 하는 친구가 있구나. 1차 경고야."

선생님은 차분한 표정을 지으며 아이들 사이를 돌아다녔어요.

지혜는 선생님의 경고를 들었지만, 게임 때문에 벌점을 줄 거라고는 상상도 하지 못했어요. 지혜는 휴대폰 화면을 넘기다가 어제 저장해 놓은 만화를 슬쩍 열어 봤어요. 그러고는 자기도 모르게 연필을 들고 만화 주인공을 따라 그렸어요.

선생님이 지나가다가 지혜를 보았어요.

"지혜야, 진짜 잘 그렸구나. 고양이 표정이 살아 있어. 그렇지만 게임 수업에 다른 활동을 하면 안 돼. 미안하지만 벌점!"

선생님의 말투는 부드러웠지만 지혜는 깜짝 놀랐어요. 벌점이라는 말에 모두가 놀라 지혜를 바라보았어요.

"선생님, 첫 수업인데 봐주시면 안 될까요? 게임 수업은 모두가 즐거워야 하잖아요. 한 번만 봐주세요."

민수가 조심스럽게 말을 꺼냈어요. 하지만 선생님은 약속은 모두 지켜야 한다며 봐주지 않았어요.

민수는 자리에 앉으며 지혜를 슬쩍 보았어요. 지혜 얼굴에 먹구름이 잔뜩 드리워져 금방이라도 눈물이 뚝뚝 떨어질 것 같았어요.

수업을 마치는 종이 울리자, 아이들은 아쉬운 듯 손에서 휴대폰을 놓지 못했어요. 쉬는 시간까지 게임을 하다가 종이 치자 할 수 없이 휴대폰을 앞에 갖다 두었어요.

4교시가 시작되었지만 교실이 어수선했어요.

"자, 게임 수업은 이제 잊고 집중하자. 이번 시간에는 태양계에 대해 배울 거야. 우선 태양계에 대한 동영상을 하나 보여 줄게."

민수 눈앞에 아직도 게임 화면이 펼쳐져 있었어요. 선생님이 틀어 준 동영상 속에서 스타 드래곤이 행성을 요리조리 피해 다니며 날아갔어요.

'내가 왜 이러지? 내가 제일 좋아하는 과학 수업인데 집중이 안 되네.'

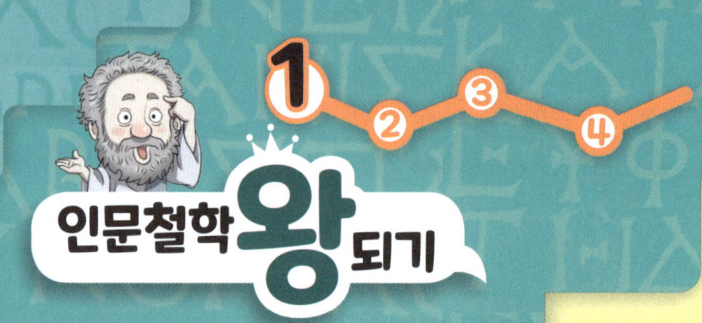

자유란 무엇일까?

여러분은 자유로웠던 적이 있나요? 어떤 상황에서 자유를 느끼나요?

 얘들아. 민수네 반 아이들이 자유에 관해 이야기하고 있구나. 너희들은 언제 자유를 느끼니?

 엄마가 집에 안 계실 때요. 엄마가 자꾸 제 행동을 간섭하시거든요.

 뭉치는 간섭 받지 않는 상태를 자유롭다고 생각하는구나. 새롬이는 어떻게 생각하니?

 저는 제가 하고 싶은 대로 할 때요. 얼마 전에 자전거를 타고 싶어 밖에 나가서 탔는데 자유롭다고 느꼈어요.

 새롬이는 단순히 방해 받지 않는 상태가 아니라, 하고 싶은 걸 할 수 있을 때 자유롭다고 느끼는구나. 지혜는?

 저는 누구도 나를 방해하지 않고, 하고 싶은 것을 할 때요.

 그렇지, 우리가 자유를 느끼는 경우는 엄마가 안 계실 때처럼 상황에 따른 경우도 있고, 마음대로 자전거를 탈 때처럼 내 의지에 따른 경우도 있지. 자유에 대해 더 알아볼까?

자유에는 어떤 것이 있을까?

영국 철학자 벌린은 자유를 '소극적 자유'와 '적극적 자유'로 구분했어.

'소극적 자유'는 국가로부터
간섭을 받지 않을 자유를 의미해.
단순히 외부의 방해를 받지 않는 상태이지.

'적극적 자유'는 자기가 하고자 하는 걸
적극적으로 할 수 있는 상태야.
의지를 가지고 어떤 목표를 추구할 수 있는 자유지.

예를 들어 부모님의 간섭이 없는 상태는 소극적 의미로 자유로운 거야. 한편 내가 스스로 시간표를 짜서 주도적으로 하루를 살 때, 우리는 적극적 의미에서 자유롭다고 할 수 있지.

영국의 철학자 이사야 벌린
(1909~1997)

자유에도 종류가 있구나!

우리나라 헌법에서 규정하는 자유권

우리나라는 헌법상 기본권으로 자유권을 보장하고 있어. **자유권은 국가 권력의 간섭이나 침해를 받지 않고 자유롭게 생활할 권리를 말해. 가장 오래된 기본권이자, 헌법에 열거되지 않은 기본권을 포함하는 포괄적 권리야.**

헌법의 자유권은 어느 한 사람에게만 해당되는 것이 아니라, 사회구성원 모두와 연관이 있기 때문에 제도적으로 보장해야 할 자유야.

게임보다 친구

2주가 지나고, 벌써 세 번째 게임 수업 날이었어요. 쉬는 시간, 시끌벅적 떠드는 소리가 복도 끝까지 울려 퍼졌어요. 민수는 서둘러 화장실을 다녀와 교실 뒷문으로 들어갔어요. 교실 뒤쪽에 아이들이 모여서 웅성거렸어요.

"뭐지?"

민수는 혼잣말을 하면서 고개를 돌렸어요.

아이들이 벌점 현황판을 보며 얘기했어요. 얼핏 보니 벌점 받은 아이들이 꽤 많았어요. 여자아이 하나가 민수를 보고 얼굴을 찌푸렸어요. 다른 친구는 민수와 눈이 마주치자 일부러 눈을 피했어요. 민수는 조금 놀랐어요.

"빨리 와, 뭐해?"

　　정호가 손짓하며 민수를 불렀어요. 게임 좋아하는 아이 몇 명이 모여 있었어요.

"이번에는 5:5로 해보는 건 어때?"

"우리도 끼워 줘."

정호와 연지가 슬쩍 끼어들었어요.

"좋아, 같이 하자. 내가 도와줄 테니 걱정하지 마. 나만 믿어."

민수는 내민 가슴을 주먹으로 퉁퉁 쳐 보이며 활짝 웃었어요.

수업 시작과 동시에 5:5 전투가 벌어졌어요. 민수가 가운데 앉고 다른 아이들이 주변에 딱 달라붙어 있었어요.

"공격 시작! 행성에 깃발 꽂아!"

지난 시간보다 더 요란하고 시끄러웠어요.

"민수야, 너희 목소리 조금만 낮춰 줘. 시끄러워서 내가 무슨 게임 하는지도 모르겠어."

친구들이 몇 번이나 조용히 해 달라고 부탁했지만, 민수네 게임 모둠은 소리가 줄어들지 않았어요.

"정호야, 이제 깃발만 꽂으면 우리가 이겨. 빨리!"

민수가 다급하게 소리쳤어요. 승리가 바로 코앞이었어요.

"정호야, 이때야!"

그때 정호 손이 미끄러지면서 그만 깃발을 놓치고 말았어요.

"야! 그걸 놓치냐? 다 이긴 게임인데. 이런 것도 제대로 못 하면 어떡해!"

게임이 끝나지도 않았는데 민수는 화를 내며 벌떡 일어났어요. 순간 정호는 그 자리에서 몸이 굳어 꼼짝도 하지 못했어요.

"민수야, 미, 미안해."

정호 귀가 점점 벌게졌어요.

"민수야, 게임에서 질 수도 있는데 정호한테 너무 심하잖아."

연지가 민수를 보며 얘기했어요. 별일도 아닌데 민수가 너무 화를 내는 것 같아 기분이 안 좋았거든요. 게임하던 아이들도 민수를 보고 어리둥절한 표정을 지으며 슬며시 자리에서 일어났어요.

점심시간이 되었어요. 평소 같으면 민수와 정호가 붙어 다니며 밥도 먹고 수다도 떨었겠지만, 오늘은 서로 모르는 사람처럼 눈도 마주치지 않았어요.

점심을 먹고 급식실을 나올 때 연지가 민수를 잡았어요.

"민수야, 친구가 실수할 때마다 그렇게 화낼 거니? 게임은 이길 때 있고 질 때도 있잖아. 이번에는 네가 좀 심했어."

"미, 미안해. 다 이긴 게임이라 너무 아까워서 그랬던 것 같아."

민수는 고개를 숙인 채 긴 한숨을 내쉬었어요. 그러고는 조용히 교실로 돌아와 가만히 앉아 있었어요. 민수는 슬며시 주변을 둘러보았어요. 교실 안은 아이들의 수다와 웃음으로 흥겨웠어요.

게임 법이 생기고 나서 3학년 6반 아이들은 쉬는 시간마다 교실 뒤편으로 몰려가 벌점 현황판을 살펴봤어요. 민수는 꼼짝도 안 하고 자리에 앉아 있었지만 아이들이 하는 얘기에 귀가 따가웠어요.

"민수 때문에 우리가 벌점 받는 거잖아. 안 그래?"

"다른 건 못 하고 게임만 하는 건 우리의 자유를 뺏은 거라고."

"잘못한 게 없는데 왜 벌점을 받아야 해? 억울해 정말."

아이들은 서로 한마디씩 하면서 민수를 흘깃흘깃 쳐다봤어요. 그러다가 여자아이 하나가 민수에게 다가갔어요.

"얘기 좀 해!"

목소리가 제법 거칠었어요.

"무, 무슨 얘기?"

민수 목소리에 힘이 없었어요. 뒤에 모인 친구들은 약속이나 한 듯 팔짱을 낀 채 매서운 눈으로 민수를 째려봤어요.

"민수야, 너는 게임할 자유를 얻었지만 우리는 수업 받을 권리를 뺏겼어. 이게 올바른 규칙이라고 생각해?"

"저, 그게……."

민수는 더 할 말이 없었어요. 틀린 말은 아니었거든요. 민수는 휴대폰을 뺏기던 날, 선생님이 우리의 자유를 뺏어 갔다고 불평했던 게 생각났어요. 민수는 갑자기 몸이 얼어붙은 듯 아무 말도 할 수 없었어요.

처음부터 지켜보던 지혜가 슬며시 일어나 민수에게 왔어요.

"서현아, 게임 수업 재미있을 것 같다고 찬성한다고 했지? 투표할 때는 찬성했는데 마음이 변했다고 따지는 건 아닌 것 같아. 민수의 제안에 우리 모두가 투표해서 결정한 거잖아."

지혜는 또박또박 차분하게 말했어요. 서현이는 아무 대꾸도 못 하고 입만 삐죽거렸어요. 그러고는 민수를 멀뚱멀뚱 바라보다가 사라졌어요.

"지, 지혜야, 고, 고……."

민수는 얼굴이 빨개지고 말이 제대로 나오지 않았어요. 고맙다는 말이 목구멍까지 올라왔지만, 용기가 나지 않아 말끝을 흐리고 말았어요.

수업을 마치고 민수는 교문을 향해 걸어갔어요. 늘 정호와 함께 걸었는데 오늘따라 혼자라는 게 너무 외로웠어요.

"짹짹, 짹짹짹."

참새 떼가 이 나무 저 나무로 장난치듯 날아다녔어요.

'너희들은 친구가 꽤 많구나. 부럽네.'

민수는 참새 떼를 보며 혼자 중얼거리다가 운동장으로 고개를 돌렸어요. 운동장에서 아이들이 축구를 하며 놀았어요. 예전에 정호와 축구하던 기억이 새록새록 떠올랐어요. 민수는 가만히 서서 한참 동안 운동장을 바라보았어요.

'앗! 바로 그거야. 선생님을 찾아가야겠어.'

선생님이 게임 수업을 없애면 친구들도 민수를 미워하지 않고, 민수는 정호와 다시 친하게 지낼 수 있을 것 같았어요.

민수는 당장 교무실로 달려갔어요.

"민수야, 그건 안 된다."

선생님은 부드러운 표정으로 민수를 보면서도 딱 잘라서 안 된다고 했어요.

"선생님, 벌점 받은 친구들이 저를 미워해요. 또 게임하다가 친구와 다퉈서 사이가 멀어졌어요. 어떡해요?"

민수의 목소리가 가늘게 떨렸어요.

선생님은 법은 사회가 정한 약속이니 함부로 바꿀 수 없다고 했어요. 같이 약속해 놓고 나에게 좋지 않다고 마음대로 바꿀 수 없는 것이었지요. 민수는 어깨가 축 처지고 다리에 힘

이 풀렸어요.

  지혜는 집으로 가면서 3주 동안 있었던 일을 하나씩 떠올려 보았어요.

  '반 분위기가 점점 나빠져. 게임 때문에 편도 갈라졌어.'

  예전과 달리 아이들은 끼리끼리 놀고, 자기들끼리만 밥을 먹었어요. 민수와 정호도 예전과 사뭇 다르다는 생각이 들었어요.

  '게임 때문에 서로 미워하는 거 아냐?'

  지혜는 친구 사이가 나빠지는 게 걱정되었어요. 지혜는 곰곰이 생각하면서 집까지 걷다가 뭔가 결심한 듯, 입술을 꼭 깨물며 주먹을 불끈 쥐었어요. 내일 학교에 가서 민수를 만나 얘기해 보는 게 좋겠다고 생각했어요.

  다음 날 아침, 지혜는 민수와 정호를 조심스럽게 살폈어요. 둘은 오전 내내 서로 말도 안 하고 눈도 마주치지 않았어요. 점심시간에 정호는 교실로 들어오다가 민수를 보고는 다시 밖으로 나가 버렸어요. 민수는 정호를 봤으면서도 시무룩한 표정으로 자리에 계속 앉아 있었어요. 둘의 모습이 평소와 달랐어요. 가만히 있다가는 친구 사이가 나빠질 게 분명했어요.

  지혜는 자리에서 일어나 민수에게 다가갔어요.

"민수야, 우리 얘기 좀 하자."

지혜가 정호에 대해 먼저 얘기했어요. 민수는 아무 말 없이 지혜의 얘기를 끝까지 들었어요.

"맞아. 게임 때문에 정호한테 너무 심한 말을 한 것 같아. 그래서 정호도 화가 많이 났을 거야."

민수는 말을 하면서도 풀이 죽은 듯 목소리에 힘이 없었어요.

지혜는 지금까지 생각한 것을 민수에게 모두 얘기했어요. 민수 표정이 조금 밝아졌어요.

"민수야, 게임 수업을 계속하면 사이가 더 나빠지지 않을까?"

지혜는 민수 표정을 살피며 조심스레 물었어요. 민수는 잠시 망설이다가 마음 속에 있는 말을 털어놓았어요.

"사실, 게임을 같이 하면 친구끼리 더 친해질 줄 알았어. 그런데……."

민수도 게임 때문에 친구 사이가 멀어지는 것을 꽤 걱정하는 눈치였어요. 얘기를 끝낼 무렵 민수의 눈이 그렁그렁해졌어요.

"민수야, 나도 게임 좋아하지 않아. 멍하게 화면만 쳐다보고, 벌점만 늘어서 속상해. 그리고 우리 반이 편 가르기 되고 친한 친구도 멀어진다 생각하니 정말 슬퍼. 예전의 6반으로 다시 돌아가면 좋겠어."

지혜가 빙그레 웃으며 민수 어깨에 손을 얹었어요.

민수도 게임하는 것 보다 정호와 운동장에서 축구하는 게 더 재미있다고 했어요.

"앗, 그럼 이러고 있을 때가 아니잖아."

지혜는 민수 손을 잡아채고는 정호가 있는 운동장으로 뛰어갔어요. 민수는 숨을 한번 크게 들이마시고는 용기 내어 말했어요.

"정호야, 내가 사과할게. 게임에 지게 했다고 화내서 미안해. 내가 심했어."

"아니야, 내가 미안해. 나 때문에 게임 진 게 맞는데 뭘. 그리고 너한테 게임 배워서 좋았어. 근데 나는 게임에는 영 소질이 없는 것 같아."

정호가 머리를 긁적이며 말했어요. 굳은 얼굴이 부드러워지면서 얼굴에 미소가 번졌어요.

"나는 게임하는 것보다 너와 축구하는 게 훨씬 재미있어."

민수의 얼굴이 밝아지고 목소리에 힘이 들어갔어요.

"민수야, 우리 축구하다가 친해졌잖아. 게임 수업 그만하고 축구 수업으로 바꾸는 거 어때? 이번에는 내가 제안할까?"

정호가 맞장구치며 환하게 웃었어요.

"축구를 좋아하지 않는 친구도 있다는 걸 꼭 기억해 줘."

지혜의 말에 셋은 한바탕 웃었어요.

"게임 법은 모두에게 좋은 건 아니었어. 친구들에게 미안해."

민수는 갑자기 웃음을 멈추었어요. 이내 고개를 숙이고 기어들어 가는 목소리로 말했어요.

"아니야, 우리가 정한 거잖아. 게임법의 좋은 점과 나쁜 점을 충분히 생각하고 정해야 했어. 우리가 급하게 정해서 그런 거야."

정호가 민수 손을 잡고 싱긋 웃어

보였어요.

"들어 봐. 좋은 법은 모두의 자유와 권리를 보호해 줄 수 있어야 해. 신호등처럼 말이야."

지혜가 두 번째 손가락을 들어 가르치듯 또박또박 말했어요.

민수는 조심스레 게임 수업을 그만하고 싶다는 말도 꺼냈어요. 내일은 중간 투표 전 마지막 게임 수업이에요. 정호도 민수를 바라보며 고개를 끄덕거렸요.

민수는 선생님께 찾아갔던 얘기를 하면서, 학급 회장이 선생님께 말해 주면 좋겠다고 콧소리를 내며 아양을 떨었어요.

"음, 게임 법이 우리 반 약속이니 안 된다고 하셨을 거야. 우리 반이 같이 정해야지."

지혜가 배시시 웃으면서 말을 이었어요.

"셋이 같이 가자. 내일은 게임 수업 안 하고 중간 투표 바로 하자고 말씀드리자. 투표로 같이 정하는 거야. 앞으로 창체 시간이 자유 시간이 되면 어떨까? 각자 원하는 걸 하면 모두에게 좋을 것 같아서. 자, 선생님 앞으로 이동!"

셋은 전쟁을 앞둔 장수마냥 굳센 표정으로 씩씩하게 걸어갔어요. 따스한 가을 햇살이 아이들 얼굴을 환하게 비추었어요.

다른 사람의 자유와 나의 자유가 충돌한다면?

모두가 자신의 자유만 중요하게 생각하면 어떻게 될까?

 창체 시간에 게임을 하는 것에 대해 민수와 지혜의 의견이 다르구나.

 민수는 그 시간에 게임을 하고 싶어 했으니 자기 뜻대로 되었어요.

하지만 지혜는 하기 싫은 게임을 하게 됐고요.

 너희들도 다른 사람과 생각이 달라서 하고 싶었던 것을 못 한 적 있니?

 노래를 크게 듣고 싶은데 엄마가 옆집에 방해된다고 말리실 때요.

 외식할 때 돈까스가 먹고 싶은데 엄마가 해물탕을 드시고 싶어 할 때요.

 너희들이 말한 것들은 모두 서로의 자유가 충돌할 때지? 그럴 때 어떻게 하면 될까?

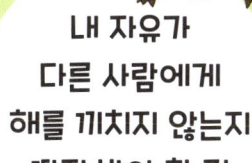 내 자유가 다른 사람에게 해를 끼치지 않는지 따져 봐야 할 것 같아요.

 지혜가 말한 것이 좋은 기준 같구나. 이것에 대해 더 얘기해 볼까?

소쌤의 철학특강

나의 자유는 어디까지 허용될까?

여러 사람이 모여 사는 사회에서 개인의 자유는 무제한으로 허용될 수 없어. 모든 사람이 자유롭게 행동한다면 이 세상은 아수라장이 될 거야. 그렇다면 사회가 개인의 자유를 제한할 수 있는 범위는 어디까지일까?

철학자 존 스튜어트 밀은 『자유론』에서 이렇게 이야기했어.

**자유는 인간에게 최고의 가치이며,
국가나 사회가 개인의 자유를 침해하고
간섭해서는 안된다고 말이야.**

하지만 조건이 있었지. **"다른 사람에게 부당한
피해를 주지 않는 한"** 이어야 해. 즉, 우리가 가진 자유는
타인에게 피해를 끼치지 않는 부분까지야. 나의 자유로
인해 누군가가 피해를 본다면 그땐 국가가 개입해
간섭할 수 있고, 그렇게 해야 한다고 말했지.

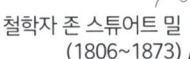

철학자 존 스튜어트 밀
(1806~1873)

표현의 자유라는 말을 들어 봤지? 모든 사람은 의견과 주장을 내세울 자유가 있다는 거야. 최근 소셜 네트워크(SNS)가 발달하면서 모두가 자신의 생각을 자유롭게 표현하기 시작했지. 하지만 **표현의 자유라는 이름 아래 무분별하게 올라오는 게시글들이 새로운 문제가 되고 있어**. 상대방에 대한 비난이나 혐오 표현, 가짜 뉴스 같은 문제 말이야. 지나친 표현의 자유는 다른 사람에게 피해를 줄 수도 있어서 조심해야 할 문제란다.

내 꿈은 만화 작가

2교시가 끝나자 아이들이 지혜에게 모여들었어요.

"지혜야, 너무 멋지다. 네가 다 그린 거야?"

"어디, 나도 같이 봐. 너무 예쁘다. 나 하나만 그려 주면 안 돼?"

아이들이 지혜 그림을 보면서 감탄했어요.

"알았어. 창체 시간에 그려 줄게."

창체 시간에 있었던 게임 법은 3학년 6반 전설 속으로 사라지고 말았어요. 이제 창체 시간에는 각자 원하는 것을 자유롭게 할 수 있었어요. 단, 조건이 붙었어요. 다른 친구의 자유 시간을 존중하고 서로 피해를 주지 않아야 했어요.

쉬는 시간이 끝나고 창체 시간이 되었어요.

"오늘 모두가 어떤 활동을 할지 기대되는걸. 지금부터 한 시

간 동안 너희가 하고 싶은 것을 해 봐. 혹시 선생님 도움이 필요하면 언제든 말해 주렴."

선생님은 미소를 지으며 말을 끝냈어요.

아이들은 각자 챙겨 온 준비물을 책상 위에 올려놓았어요.

연지는 색종이로 종이접기를 했어요. 알록달록한 색종이가 금세 문어, 토끼로 변했어요. 몇몇 친구가 색종이를 들고 와 연지에게 내밀었어요. 정호는 며칠 전 도서관에서 빌린 과학 탐험 책을 읽었어요. 과학 상자로 로봇을 만들고, 색점토로 동물을 만들며 아이들은 각자 자기가 하고 싶은 활동을 즐겼어요.

민수는 무엇을 해야 할지 고민이었어요. 멀뚱멀뚱 주변을 바라보며 아이들을 살폈어요. 친구들이 지혜 주변에 모여 있었어요.

"왜 모여 있지?"

민수는 혼잣말을 하며 곁눈질로 지혜를 보았어요.

지혜는 색연필과 스케치북을 펼쳐 놓고 만화를 그렸어요. 그림 그리기 중에서도 만화 그리기가 제일 좋았거든요. 설레는 마음으로 검정 색연필을 꺼내 바탕에 먼저 스케치를 했어요. 손이 쓱쓱 지나갈 때마다 하얀 종이 위에 만화 속 주인공이 하나둘 나타났어요. 아이들의 눈동자는 지혜의 손길을 따라 또롱또롱 움직였어요.

"와! 만화 영화에 나온 것보다 더 귀여워."

"다음은 나야. 나는 이것으로 그려 줘."

스케치가 끝나자 지혜는 색연필로 색을 입혔어요. 눈 깜짝할 사이 공룡 특공대 5명이 나왔어요.

"자! 여기."

지혜는 방금 그린 그림을 친구에게 주었어요.

민수는 요즘 최고 인기 만화 주인공인 '뭉치와 친구들' 그림을 갖고 싶었어요. 민수는 자리에서 일어나 아이들 틈에 슬쩍 끼어들어 차례를 기다렸어요.

선생님은 여기저기를 둘러보다가 지혜 앞에 멈췄어요.

"지혜야, 정말 잘 그렸구나. 작품집도 있니?"

선생님은 눈웃음을 지으면서 지혜와 눈을 마주쳤어요.

"네? 작, 작품집이요?"

"그럼, 지혜가 정성 들여 그렸으니 작품인 거지."

지혜는 수줍은 듯 발그레한 얼굴로 선생님에게 스케치북을 보여 줬어요. 작품이라는 말에 왠지 모를 뿌듯함이 솟아났어요.

"지혜는 꿈이 만화 작가예요. 진짜 잘 그려요."

옆에 있는 여자아이가 불쑥 끼어들며 거들었어요.

"충분히 될 수 있겠는데. 움직이는 모습도 잘 그렸구나. 어디서 배운 거야?"

선생님은 한 장 한 장을 천천히 넘기면서 고개를 끄덕였어요.

"만화를 보면서 그냥 따라 그린 거예요."

"정말? 미술 학원에 다닌 적 없어?"

"네. 없어요."

"와! 정말 대단한데."

선생님은 지혜 그림을 보면서 미술에 관한 몇 가지 정보를 알려 줬어요. 인터넷을 찾아보면 인물 그리기, 배경 스케치 등 여러 가지 미술 수업 동영상이 있다고 했어요. 도서관에 가면 스케치, 채색 등 기초를 알려 주는 책도 많다고 했어요.

"만화를 잘 그리려면 그림 그리는 원리를 알아야 한다고요?"

"당연하지. 뭐든 기초가 중요하거든. 인터넷은 그냥 찾아보면 될 거고, 책은 시립 도서관에 가면 있을 거야."
"와, 정말요? 고맙습니다!"
지혜는 얼굴에 함박웃음이 가득 차올랐어요.

수업이 끝나고 지혜는 들뜬 마음으로 교문을 나왔어요. 하늘에 뜬 뭉게구름이 달콤한 솜사탕처럼 보였어요. 골목을 돌아 건널목 앞에서 멈췄어요. 길 건너편에 학원 간판이 보였어요. 영어, 수학, 한자, 피아노, 논술…….
"후유우!"
학원 간판을 보자 한숨이 나왔어요. 학원 수업이 너무 많아 그림 그릴 시간이 없다는 생각이 들어 짜증이 났거든요. 집으로 가는 발걸음이 무거웠어요. 지혜는 아파트 앞에 잠시 서서 하늘을 보았어요. 뭉게구름도 화가 난 듯 머리에 뿔이 달려 있었어요.
"학교 다녀왔습니다."
지혜는 아무 일 없다는 듯 밝은 목소리로 인사를 하고 방으로 들어갔어요. 그러고는 서랍 속에서 그림 한 장을 꺼냈어요. 엄마가 좋아하는 인어 공주 그림이었어요.

'엄마가 좋아할까?'

지혜는 그림을 가슴 속에 감추고 거실로 나갔어요. 그림을 주면서 엄마에게 하고 싶은 말을 조심스럽게 꺼내 볼 생각이었어요.

"얼른 간식 먹고 수학 학원 가야지."

엄마는 지혜가 앉자마자 학원 얘기부터 꺼냈어요. 학원에서 뭘 배우는지, 무슨 숙제를 내주는지 자세히 물어봤어요. 하나둘 대답할 때마다 지혜는 힘이 쭉쭉 빠졌어요. 기분도 우울했어요.

"엄마, 수학 학원 좀 쉬면 안 될까요? 3학년 수학은 지난주에 다 끝났어요."

"안 돼."

엄마 말이 무척 단호했어요. 그러고는 초등학교 졸업부터 대학 가기 전까지 어떻게 공부를 해야 실패하지 않는지 조목조목 설명했어요. 엄청난 설명에 지혜는 할 말을 모조리 잃어버렸어요. 말로는 도무지 엄마를 이길 수 없다는 생각이 들었어요.

"논술 학원이라도 빼 주세요. 숙제가 너무 많단 말이에요."

지혜는 볼멘소리로 투덜거렸어요. 두 달 전 시작한 논술이 너무 힘들었거든요.

"책 읽는 게 얼마나 좋은 건데. 논술 다니면서 책도 읽고 독서

감상문도 쓰면 앞으로 학교 성적에도 도움이 된대."

 엄마 목소리가 점점 커지면서 빨라졌어요. 모든 얘기 속에서 '학원'이라는 단어는 빠지지 않았어요.

 "참, 엄마가 논술 숙제 검사를 깜박했네. 독서 기록장 몇 개 썼는지 가져와 볼래? 도서관에서 빌린 책이 대출 기한이 며칠 남지 않아 서둘러야 하거든.”

엄마의 날카로운 눈빛에 지혜는 힘없이 일어나 독서 기록장을 가져왔어요.

지혜는 간식을 먹고 집에서 얼른 뛰어나왔어요. 학원 차를 기다리며 벤치에 앉아 휴대폰을 들었어요. 그때, 담임 선생님이 한 말이 떠올랐어요.

“맞네. 인터넷에서 그림 그리는 수업을 볼 수 있다고 했지?”

그림 수업 동영상을 찾자 순식간에 수십 개가 나왔어요. 지혜는 아래까지 살피다가 '생생한 동물 그리기'를 열었어요. 고양이가 나오는 만화를 그려 보고 싶었는데 딱 맞는 동영상이었어요.

“와! 답답했던 부분을 딱 짚어 주네.”

지혜는 콧노래를 부르며 동영상을 보았어요. 그러고는 손가락으로 허공에 고양이를 따라 그렸어요. 진짜 살아 있는 고양이 한 마리가 지혜 앞에서 춤을 추는 것 같았어요.

“빵빵. 빵빵.”

영상을 보다가 학원 차가 온 지도 몰랐어요. 가방을 챙겨 얼른 버스에 올라탔어요. 지혜는 차 안에 앉아서도 동영상을 보았어요.

이번에는 종이를 꺼내서 고양이를 그렸어요. 옆에 앉은 정호가 이어폰을 꽂고 있는 지혜를 쿡 찔렀어요.

"지혜야, 고양이 너무 잘 그렸다. 나 고양이 좋아하는데."

"이거 줄까?"

"정말? 너무 좋지."

"와! 고양이 표정 좀 봐. 살아 있어."

정호의 칭찬에 지혜는 기분이 너무 좋아 싱긋 웃어 보였어요.

며칠 동안 지혜는 엄마 눈을 피해 동영상을 보았어요. 그림 그

릴 때 순서가 있고, 어떻게 관찰하고 그려야 하는지 알게 되어 너무 기분이 좋았어요. 예전보다 그림 그리는 게 더 재미있었어요.

지혜는 길을 걷다가도 동물을 조심스럽게 관찰했어요. 동물이 뛸 때 앞발과 뒷발이 어떻게 움직이는지, 먹이를 먹을 때 어떻게 행동하는지 자세히 살펴보았어요.

집에 있을 때도 거실에 나와 창밖 풍경을 자주 보았어요. 멀리 있는 산과 하늘을 보면서 이리저리 손가락을 움직였어요. 엄마는 지혜의 행동을 보고 조금 이상하다는 생각이 들었어요.

"지혜야? 뭐하니?"

"아, 아냐. 이제 숙제하러 들어가려고."

지혜는 방으로 들어가면서 방문을 잠갔어요.

지혜는 시간이 날 때마다 방문을 잠그고 동영상을 보았어요. 엄마한테 들키지 않으려고 학원 숙제도 열심히 했어요. 숙제를 다하고 그림을 그리다 보니 밤 12시를 넘겨서 자는 때가 많았어요. 그렇지만 멋진 그림을 생각하면 하나도 힘들지 않았어요.

엄마는 간식을 들고 들어가다가 지혜의 방문이 잠긴 것을 처음으로 알았어요.

"지혜야, 간식 가져왔는데 문 열어 봐. 얘는, 문을 왜 잠그지?"

'남자 친구가 생긴 건가?'

처음에 엄마는 '지혜가 자신만의 공간이 필요한가 보다.' 하고 생각했어요. **하지만 지혜에게 비밀이 생긴 것 같아 점점 궁금했어요.**

"문 잠그고 있으면 집중이 잘 돼서 그래."

지혜는 평소 방문을 잘 안 닫고 다녔어요.

그런데 요즘 들어 방문을 꼭꼭 잠그고, 학교 갈 때도 방문을 잠갔어요. 엄마는 자꾸 문을 잠그는 지혜가 이상하다고 생각했어요.

어느 날, 지혜가 학교 간 사이에 열쇠로 지혜 방문을 열었어요. 지혜 책상이 온통 그리다 만 종이로 가득했어요.

'만화는 적당히 그리라고 했는데, 공부는 안 하고 그림만 그렸던 거야?'

엄마는 한숨을 내쉬며 얼굴을 잔뜩 찌푸렸어요.

엄마는 책상을 정리하던 중 꼬깃꼬깃 구겨진 종이를 펼쳤어요. 망친 그림이겠거니 생각하고 펼쳤는데 60점 수학 시험지였어요.

"내 이럴 줄 알았어. 그림 때문에 학원도 가기 싫고 공부도 안 했던 거야. 문 잠그고 공부는 안 하고 그림만 그려 댔구나."

엄마는 지혜가 자신을 속인 것 같아서 화가 나고 속상했어요.

"삑삑삑-띠리링."

그때 지혜가 학교에서 돌아왔어요. 엄마는 지혜의 60점짜리 시험지를 가지고 밖으로 나왔어요. 지혜는 깜짝 놀란 채 굳어 버렸어요.

"지혜야, 이게 뭐야? 방에 있는 그림들은 다 뭐고."

지혜는 아무 말도 못 한 채 발끝만 쳐다봤어요.

"김지혜, 대답 안 해?"

윽박지르는 소리에 그제서야 지혜가 우물쭈물 대답했어요.

"나는 그림 그리는 게 좋아. 근데 그림을 그릴 수 있는 시간이 너무 없어."

엄마가 한풀 누그러진 말투로 말했어요.

"그림은 나중에 그려도 되잖아. 지금 중요한 건 그림이 아니라 학교 공부야. 다 나중에 너 도움되라고……."

"맨날 나중에, 나중에. 난 지금 그림을 그리고 싶다고! 자유롭게 머릿속에 떠오르는 걸 그릴 때가 정말 좋아. 나는 왜 내가 하고 싶은 걸 할 자유가 없는 건데?"

지혜는 말을 마치자마자 집을 휙 나갔어요. 지혜의 모습을 보며 엄마는 한숨을 푹 내쉬었어요.

엄마는 지혜의 방으로 들어가서 그림 도구를 정리하고, 이리저리 흩어진 그림들을 모았어요. 그러다가 완성된 그림만 있는 스케치북을 보게 됐어요. 요즘은 동물을 그리는지 고양이, 강아지 그림이 많았어요. 표정이 살아 있고, 움직이는 동작도 제법 잘 표현했어요.

'우리 지혜가 그림을 이렇게 잘 그렸나?'

엄마는 지혜의 스케치북을 한참 동안 들여다봤어요.

몇 시간 뒤, 엄마는 거실에서 울리는 휴대폰 벨소리에 지혜 방을 나왔어요.

"네? 지혜가 학원에 오지 않았다고요? 네, 알겠습니다. 죄송합니다."

지혜가 수학 학원에 오지 않았다는 연락을 받고 엄마는 다시 마음이 복잡했어요. 곧바로 지혜에게 전화를 걸었지만, 지혜는 받지 않았어요.

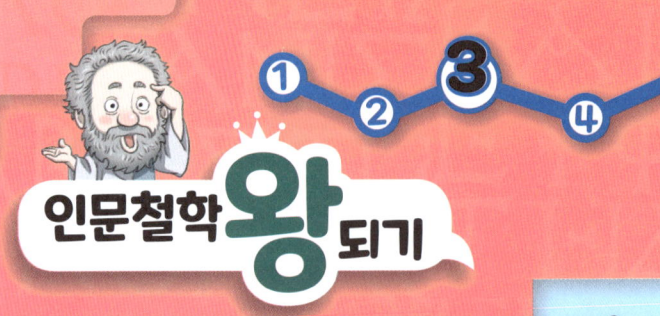

다 함께 자유를 누리려면 지켜야 할 것

'방종'은 무슨 뜻인가요?
자유와 방종은
어떤 관계인가요?

 협의 끝에 민수네 반 아이들 모두에게 원하는 결과가 주어졌구나. 민수는 게임을 하고 지혜는 그림을 그리고 말이야.

 우리 반도 이런 자율 시간이 있었으면 좋겠어요. 그럼 전 자율 시간마다 쿨쿨 잘 것 같아요.

 새롬이가 '방종'을 말하는 것 같구나. 방종이란 사전에 따르면 '제멋대로 행동하여 거리낌이 없음.'이라는 뜻이지. 그런데 방종은 어떻게 보면 자유인데 왜 안 좋다고 하는 걸까?

 뭉치야, 우리가 그럴까 봐 자유 시간을 주지 않는 거야. 자유가 지나치면 안 되는 것 같아.

 한 사람이 방종하면 다른 사람의 자유를 침해하기 때문이 아닐까요? 예를 들어 제가 학교 책을 1년 내내 자유롭게 보면 다른 사람이 책을 빌려 볼 자유를 뺏은 거니까요.

 너희들이 자유와 방종을 구분할 수 있게 되어 기쁘구나. 하지만 현실에서 이 둘은 그리 분명하게 구분되지 않는 경우도 많단다.

소쌤의 창의특강
기게스의 반지가 우리 손에 있다면?

우리는 마음대로 선택할 수 있는 상황을 자유라 하지만, 나의 선택에는 책임이 따르지. 타인을 존중하지 않는 자유는 방종이고, 이기주의와도 같아. 기게스의 이야기를 함께 읽어 보자.

플라톤의 『국가론』에는 '기게스의 반지' 이야기가 나와. 순박한 목동 기게스가 양을 치던 어느 날, 천둥 번개와 함께 커다란 지진이 일어나지. 지진이 일어난 자리에 큰 구멍이 생겼는데 그 안에는 거인의 시체가 놓여 있었어. 그의 손에는 반지가 끼워져 있었어. 기게스는 반지를 빼서 자신의 손에 끼워 보았어. 그러자 자신의 몸이 투명 인간이 되어 남들에게 보이지 않게 됐지. 기게스는 반지의 힘을 발견한 뒤 나쁜 마음을 품게 되고, 이후 투명 인간으로 변해 왕비를 유혹하고 칸다울레스 국왕을 죽인 후 권력을 잡아.

칸다울레스 국왕의 죽음을 그린 그림

우리는 누군가가 보고 있을 때 행동을 조심하게 되지. 과연 이런 행동을 해도 되는지 스스로에게 묻기도 하고 말이야. 하지만 우리가 기게스처럼 반지를 끼고 투명 인간이 된다면? 우리도 기게스처럼 살게 될까?

사람들에게는 양심이라는 게 있어. 누군가가 우리를 보고 있다는 사실이 우리를 도덕적인 사람으로 만들기도 하지만, 누군가 보고 있지 않더라도 자기 안의 감시 카메라, 곧 양심의 목소리에 우리는 귀 기울이지.

양심 덕에 우리는 내가 하는 일이 다른 사람에게 해가 되는지를 스스로 판단해. 만약 해를 끼칠 경우 스스로 책임을 질 수 있도록 하고 말이야.

하고 싶은 것, 해야 하는 것

지혜는 수학 학원을 빠지고 도서관으로 갔어요.

'나도 한번은 내가 하고 싶은 것부터 할 거야. 선생님이 말해 주신 책이 있을까?'

지난번 담임 선생님이 알려 준 책을 다시 한번 떠올리며 조심스럽게 도서관 안으로 들어갔어요. 다른 사람에게 방해되지 않도록 휴대폰도 소리 나지 않게 바꿨어요.

"어!"

민수가 지혜를 보고 자리에 멈췄어요.

"민수 너 책 빌리러 온 거야?"

지혜가 장난치듯 웃으며 말했어요. 민수는 부끄러운지 멋쩍은 웃음을 보였어요.

"그, 그게……. 저, 저기 가서 얘기 좀……."

민수는 말을 더듬거리며 휴게실을 가리켰어요. 민수가 먼저 나서자 지혜가 뒤를 따라갔어요. 민수가 주스를 두 병을 사 와서 한 병을 지혜에게 내밀었어요.

"할 말 있어?"

지혜가 갸웃거리며 민수를 바라봤어요. 반짝반짝 빛나는 눈동자가 오늘따라 더 초롱초롱했어요. 민수는 숨을 크게 쉬고 더듬거리며 말했어요.

"지, 지혜야, 지, 지난번에 도와줘서 고마워."

"내가 뭘 도와줬다고, 당연한 거지. 그런데 말은 왜 더듬어?"

지혜가 환하게 웃으며 민수를 바라봤어요.

"진, 진짜 고마웠다고."

벌점 때문에 아이들이 민수에게 따질 때 지혜가 나서서 도와줬잖아요. 민수는 이 얘기를 학교에서 하려고 했지만, 친구들 눈치가 보여 입을 열 수가 없었어요.

둘은 주스를 홀짝홀짝 들이켜며 게임 법에 대해 얘기했어요. 얼마 전의 일이지만, 마치 추억을 떠올리는 것처럼 흥겨운 얘기가 오고 갔어요.

"너는 게임을 좋아하지 책은 싫어하는 줄 알았는데. 도서관에는 어쩐 일이야?"

지혜가 고개를 갸웃거리며 물었어요.

"게임을 하다 보니까 게임을 만드는 방법이 궁금했어. 그래서 도서관에 왔지."

민수가 진지한 표정으로 차분하게 말했어요.

"와! 게임은 어떻게 만드는 거야?"

지혜의 관심에 민수는 기분이 내심 좋았어요. 민수는 프로그래

밍 언어로 코딩하는 방법에 대해 얘기했어요.

"코딩? 들어 보기는 했지만 어려울 것 같아 쳐다도 안 봤는데."

"코딩은 컴퓨터와 대화하기 위한 약속이야. 우리가 말을 할 때 어떻게 하니? 정해진 문법에 따라 말하잖아. 코딩은 컴퓨터와 이렇게 대화하겠다는 약속이지."

민수는 코딩에 대해 설명하면서 게임을 만드는 방법까지 얘기했어요. 지혜는 코딩으로 게임을 만들 수 있다는 말에 놀랐어요.

둘은 주스를 마시고 휴게실에서 나왔어요. 자료실로 들어갔지만 컴퓨터 책과 미술 책은 있는 곳이 달랐어요.

"조금 있다가 보자."

민수는 지혜와 떨어지는 게 아쉬웠지만 조금 있다가 보자는 말에 마음이 놓였어요.

지혜는 풍경 스케치에 대한 책을 한 권 고르고 뒤를 보았어요. 책장 전부가 만화 그리기에 관한 책으로 꽉 채워져 있었어요. 지혜는 몸을 돌려 책을 또 뽑았어요. 『만화, 판타지 인물 그리기』, 『만화, 인물 동작 그리기』 두 권이었어요. 세 권이면 일주일 동안 충분히 볼 수 있다고 생각했어요.

'민수는 아직 덜 골랐나?'

 지혜는 책을 들고 책장 사이를 살피며 천천히 걸어갔어요. 민수가 바닥에 앉아 책을 보고 있었어요. 옆에는 코딩 책 몇 권이 쌓여 있었어요. 지혜가 슬며시 다가가 민수 어깨를 톡톡 두드렸어요.
 "오! 코딩? 진짜 게임을 만들게? 내가 캐릭터 그려줄 테니까 네가 게임 만들어. 어때?"
 지혜가 소곤소곤 다정한 목소리로 민수 귀에 대고 얘기했어요. 지혜 말소리가 민수 귓속을 간지럽혔어요.
 "알았어."

민수가 씩 웃으며 고개를 끄덕였어요.
"나는 다 골랐는데, 넌 아직 멀었어?"
"아니, 아니. 나도 다 골랐어."
민수는 보던 책을 허겁지겁 책장 속에 집어넣고 두 권만 챙겨 일어났어요.
둘은 책을 빌리고 자료실에서 나왔어요.
"민수야, 우리 자유 열람실 가서 책 좀 읽고 가자. 집에 가면 제대로 못 볼 거야."

"좋아!"

민수가 방긋 웃으며 고개를 끄덕였어요. 둘은 곧장 자유 열람실로 들어갔어요.

그 시각, 지혜 엄마는 계속 전화를 걸었어요. 지혜가 전화를 받지 않아 무척 걱정되었어요.

'만화, 판타지*** 외, 총 3권 대출. 반디 도서관'

지혜 엄마는 도서관 대출 문자를 보고 크게 놀랐어요. 지혜가 도서관 대출 카드를 만들 때 엄마 연락처를 써 놓았거든요.

'학원도 빠지고 도서관에 간 거야?'

집에서 건널목만 건너면 바로 도서관 앞이었어요. 지혜 엄마는 곧바로 집을 나섰어요. 도서관으로 들어가 자료실을 둘러봤지만, 지혜를 찾을 수 없었어요.

"나갔으면 나와 마주쳤을 텐데? 문자가 늦게 왔나?"

자료실 맞은편에 자유 열람실이 있었어요. 혹시나 하며 문 앞에서 자유 열람실 안을 기웃거렸어요. 창가 자리에 지혜가 보였어요. 지혜 엄마는 지혜를 지켜보기로 했어요.

지혜의 표정이 여느 때보다 진지했어요. 논술 책을 볼 때는 한 장 한 장 넘길 때마다 한숨을 내쉬었지만, 지금 지혜의 눈빛은 샛별처럼 초롱초롱했거든요. 게다가 책을 보면서 연습장에 뭔가 열심히 적었어요.

'뭘 보는 거야? 만화책이 아닌가?'

지혜 엄마는 고개를 갸우뚱거렸어요. 지혜가 무슨 책을 보는지 정말 궁금했어요. 만화책을 보면서 저렇게까지 적을 이유가 없었거든요. 계속 기다릴까 말까 고민하다가 시계를 보았어요. 몇 분만 지나면 다섯 시였어요.

'곧 나오겠네.'

지혜 엄마는 잠시 기다리기로 마음 먹고 복도에서 지혜를 기다렸어요.

"엄마! 여긴……?"

"지혜야, 엄마랑 얘기 좀 하자."

지혜가 복도 창가에 있는 엄마를 보고 깜짝 놀랐어요.

"안녕하세요? 저는 지혜와 같은 반 친구 민수예요."

민수는 고개를 숙이며 공손하게 인사했어요.

"어, 어, 안녕."

지혜 엄마는 당황하여 잠시 머뭇거리다가 고개를 끄덕였어요.

"음, 너희 혹시 배 안 고프니? 우리 떡볶이 먹고 갈까?"

지혜 엄마는 멋쩍게 웃으며 흘끔 지혜의 눈치를 살폈어요.

"네, 좋아요."

민수만 신나서 벙글거렸어요. 지혜는 고개를 푹 숙이고 말이 없었어요. 민수는 지혜의 어두운 얼굴을 보고 입을 다물었어요.

지혜 엄마는 지혜, 민수와 아파트 상가 분식집으로 들어가 주문을 하고 자리에 앉았어요. 김이 모락모락 올라오는 떡볶이, 바싹 잘 구운 군만두가 금세 나왔어요. 민수가 허겁지겁 떡볶이를 먹기 시작했어요.

지혜는 여전히 아무 말이 없었어요. 민수는 가시방석에 앉은 듯 중간에서 눈치를 봤어요. 그때 지혜 엄마가 넌지시 말을 했어요.

"우리 지혜는 도서관에서 무슨 책을 빌렸을까?"

엄마가 지혜 가방을 보면서 슬쩍 얘기를 던졌어요. 지혜는 떡볶이를 먹다가 멈칫했어요. 도서관에서 빌린 책을 조심스럽게 식탁 위로 꺼내 놓았어요. 『풍경 스케치법』, 『만화, 판타지 인물 그리기』, 『만화, 인물 동작 그리기』 이렇게 세 권이었어요.

민수는 지혜 표정을 보고 가슴이 답답했어요. 자기가 하고 싶은

것을 자신 있게 말할 수 없는 지혜가 오늘따라 불쌍하게 느껴졌어요. 잠시 침묵이 흘렀어요. 민수는 속이 터질 것 같아 입이 근질근질했어요. 민수가 지혜 엄마를 보며 입을 열었어요.

"지혜는 멋진 만화 작가가 될 거예요. 반 친구 모두 지혜 만화를 좋아해요. 선생님도 지혜가 잘 그린다고 하셨어요."

민수는 준비라도 한 듯 칭찬을 와르르 쏟아 냈어요.

그러고는 지혜를 보고 한쪽 눈을 찡긋거리며 미소를 지었어요. 민수 말에 지혜는 용기를 내서 선생님이 해 준 얘기를 엄마에게 전했어요.

"애들이 나보고 그림 잘 그린대요. 선생님도 칭찬해 주셨어요. 좀 더 공부하면 더 잘할 거라고 하셨어요. 그래서 오늘 도서관에 간 거예요. 학교 공부는 어쩔 수 없이 하지만 미술 공부는 정말 즐거워요."

지혜 목소리가 조금은 떨렸어요.

"선생님이 그런 말씀을 하셨구나. 그래 맞아. 만화를 잘 그리려면 미술 공부도 해야지."

엄마는 고개를 끄덕이면서 말했어요.

"그런데 지혜가 만화를 좋아한다고 해서 그리기만 할 순 없어. 다른 공부도 같이 해야 새로운 생각을 하고 그림도 창의적으로 그릴 수 있어."

"엄마, 나도 알아. 공부도 할 거야. 근데 내가 학원이 몇 군데야? 학원에, 숙제에. 나는 언제 하고 싶은 걸 할 수 있는 거야? 내가 마음대로 쓸 수 있는 시간이 필요해."

지혜는 얘기를 하면서 주먹을 꼭 쥐었어요. 민수는 조용히 지혜의 말을 들으면서 작게 고개를 끄덕였어요.

"지혜는 친구 말을 잘 들어 주고 그림도 잘 그리는 멋진 학급 회장이에요. 제가 지혜 작가님 팬이잖아요."

민수는 저도 모르게 목소리에 힘을 주며 지혜처럼 주먹을 불끈 쥐어 올렸어요. 지혜는 민수를 보며 터져 나오는 웃음을 겨우 참았어요.

"그래, 지혜가 그림을 얼마나 좋아하는지 엄마가 잘 알았어. 지혜의 자유 시간을 엄마도 존중해야지. 그래도 오늘처럼 말도 없이 학원을 빠지면 안 돼. 지혜가 하고 싶은 게 있듯, 꼭 해야 할 것도 있는 거야. 앞으로 어떻게 할지 엄마랑 더 얘기해 보자."

엄마는 나긋하게 말하면서도 목소리에 힘을 주었어요.

엄마는 민수에게도 꿈이 뭔지 물었어요. 민수는 게임을 만드는 프로그래머가 되고 싶다고 얘기하면서 도서관에서 빌린 책을 보여 줬어요.

지혜 엄마는 조금 미안하다는 생각이 들었어요. 지혜에게 공부하라고만 했지, 어떤 걸 좋아하고 뭘 하고 싶은지 물어본 적이 없었거든요.

"저희도 지금 뭘 해야 하는지, 뭘 하고 싶은지 다 알아요. 둘 다 잘할 자신이 있다고요. 지혜야 맞지?"

민수는 어깨를 들썩거리며 얘기하다가 지혜에게 고개를 돌리며 물었어요.

"그래. 맞아."

지혜 얼굴이 아침 햇살보다 더 밝게 빛났어요.

에필로그

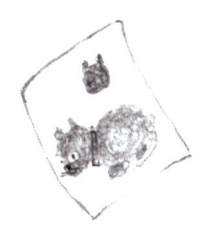

"엄마, 엄마! 저 수학 100점이에요!"

지혜 목소리가 집 안 가득 쩌렁쩌렁했어요. 지혜는 거실로 뛰어오며 시험지를 내밀었어요. 엄마는 깜짝 놀라서 눈이 휘둥그레졌어요. 수학 100점은 처음이었거든요.

도서관에서 만화 그리기 책을 빌리던 날, 엄마는 집에 돌아와 지혜와 한참 동안 대화했어요. 그러고는 학원 몇 개를 줄였어요. 엄마도 처음에는 걱정을 많이 했지만 지혜가 점점 밝아지는 것을 보고 마음이 놓였어요. 지혜는 학교 공부와 그림 그리기 둘 다 열심히 했어요.

"잠깐만, 엄마도 지혜에게 줄 게 있는데."

엄마가 안방에 들어가 종이 가방 하나를 들고 나왔어요.

"열어 봐."

지혜가 종이 가방에서 묵직한 상자 하나를 꺼냈어요. 얼핏 봐도 최신형 태블릿이라는 것을 알 수 있었어요.

"와! 태블릿이다. 근데 화면이 왜 이렇게 커요?"

"응, 우리 딸이 만화 작가인데 이 정도는 돼야지. 지혜 화이팅!"

엄마는 그리기 기능이 있는 태블릿을 지혜에게 선물했어요. 지혜는 고맙다는 말을 남기고 쏜살같이 방으로 들어갔어요.

'쓰으쓰으, 싹싹'

지혜는 엄마가 좋아하는 인어 공주를 그렸어요. 푸른 바다에서 헤엄치는 인어 공주였어요. 살랑이는 물결에 인어 공주 머리카락이 파도처럼 출렁거렸어요. 지혜는 금세 완성한 그림을 보고 싱긋 웃으며 인쇄 버튼을 눌렀어요. 멋진 인어 공주 그림을 들고 엄마에게 달려갔어요.

"엄마, 짜잔. 태블릿 첫 작품! 바닷속의 인어 공주랍니다."

지혜는 팔을 크게 펼쳤어요.

"우아, 점점 실력이 나아지는구나. 지혜가 열심히 공부한 보람이 있네. 선물 고마워."

엄마는 지혜 어깨를 정답게 다독거렸어요. 지혜와 엄마는 서로를 보고 환하게 웃었어요.

"참, 첫 작품? 1호 팬은 어떻게 하고?"

"아, 맞다! 1호 팬을 깜박했네."

지혜는 잰걸음으로 다시 방에 들어갔어요. 곧바로 1호 팬에게 줄 만화를 그리기 시작했어요. 이번에는 게임에 들어갈 남녀 주인공이었어요. 스케치가 끝나고 색칠을 시작하자, 두 주인공의 모습이 뚜렷하게 나타났어요. 지혜는 그림을 보고 씩 웃었어요.

그림 속 주인공은 바로 민수와 지혜였거든요.

만일 나라면?

휴, 지혜가 계속 그림을 그릴 수 있어서 다행이야.

맞아. 나 같으면 그림을 그리면서 공부까지 열심히 하라고 하면 못할 텐데 말이야.

자유를 누리는 데는 책임이 따르니까. 지혜는 앞으로도 잘 해낼 거야.

만약 나에게 **무한한 자유**가 주어진다면 좋을까?

☐ 그렇다.   ☐ 그렇지 않다.

만약 **무한한 자유**가 주어진다면, 무엇을 하고 싶니?

_____

_____

_____

_____

아동도 성인과 같은 자유를 누릴 수 있을까? 우리 사회에서 몇몇 자유는 일정한 나이가 지나야 누릴 수 있어. 그 이유는 아동은 아직 경험이 적고 자신의 잘못에 대한 책임을 지기 어려워 보호받아야 하기 때문이야. 원칙적으로 우리 모두는 자유와 책임을 모두 갖지만 때로는 나이, 지위, 역할에 따라 자유가 제한되기도 하지.

출구 찾아 미로 탈출하기

뭉치, 새롬, 지혜가 각자 미로에 갇혀 있습니다. 셋 모두 출구로 무사히 나가 자유를 찾을 수 있도록 도와주세요!

200만 부 판매 돌파!

AI 시대 미래
토론

✅ 뭉치북스가 만든 국내 최초 토론책! ✅ 초등 국어
✅ 한국디베이트협회와 교

- 01 함께 사는 로봇
- 02 원시인도 모르는 공룡
- 03 더 멀리 더 높이 더 빨리 스포츠 과학
- 04 깜깜 우주 속 작은 별
- 05 노벨도 깜짝 놀란 노벨상
- 06 지켜라! 멸종 위기의 동식물
- 07 도로시의 과학 수다대
- 08 살아 있는 백두산
- 09 콜록콜록! 오늘의 황사 뉴스
- 10 앗! 이런 발명가, 와! 저런 발명품
- 11 아낄수록 밝아지는 에너지
- 12 과학 Cook! 문화 Cook! 음식의 세계
- 13 과학을 훔친 수상한 영화관
- 14 끝없이 진화하는 무서운 전염병
- 15 지구 온난화와 탄소배출권
- 16 먹을까? 말까? 먹거리 X파일
- 17 우리 몸을 흐르는 피와 혈액형
- 18 진짜? 가짜? 가상현실과 증강현실
- 19 두근두근 신비한 우리 몸속 탐험
- 20 우리를 위협하는 자연재해
- 21 봄? 가을? 경계가 모호해지는 사계절
- 22 세균과 바이러스 꼼짝 마! 약과 백신
- 23 생태계의 파괴자? 외래 동물식물
- 24 콸콸콸~ STOP!!! 우리나라도 위험해요, 소중한 물
- 25 오늘도 나쁨! 작아서 더 무서운 미세먼지
- 26 식량 위기에서 인류를 구할 미래 식량
- 27 썩지 않는 플라스틱! 지구와 인간을 병들게 하는 환경 호르몬
- 28 나와 똑같은 또 다른 나, 인간 복제
- 29 미래의 디지털 첨단 의료
- 30 땅속 보물을 찾아라! 지하자원과 희토류
- 31 농사일부터 우주 탐사까지, 미래는 드론 시대
- 32 알쏭달쏭 미지의 세계, 뇌
- 33 얼마나 작아질까? 어디까지 발달할까? 나노 기술과 첨단 세계
- 34 찾아라! 생명체가 살 수 있는 또 다른 별, 제2의 지구
- 35 배울수록 더 감해지는 인공 지능
- 36 창조론이냐? 진화론이냐? 다윈이 들려주는 진짜찐짜 진화론
- 37 모두모두 소중한 생명! 멈춰요 동물 실험
- 38 유해할까? 유용할까? 생활 속 화학 물질
- 39 46억 년의 비밀, 생명을 살리는 지구
- 40 과학자가 가져야 할 덕목, 과학자 윤리와 책임

ㅣ 공부다!

인재를 위한
과서

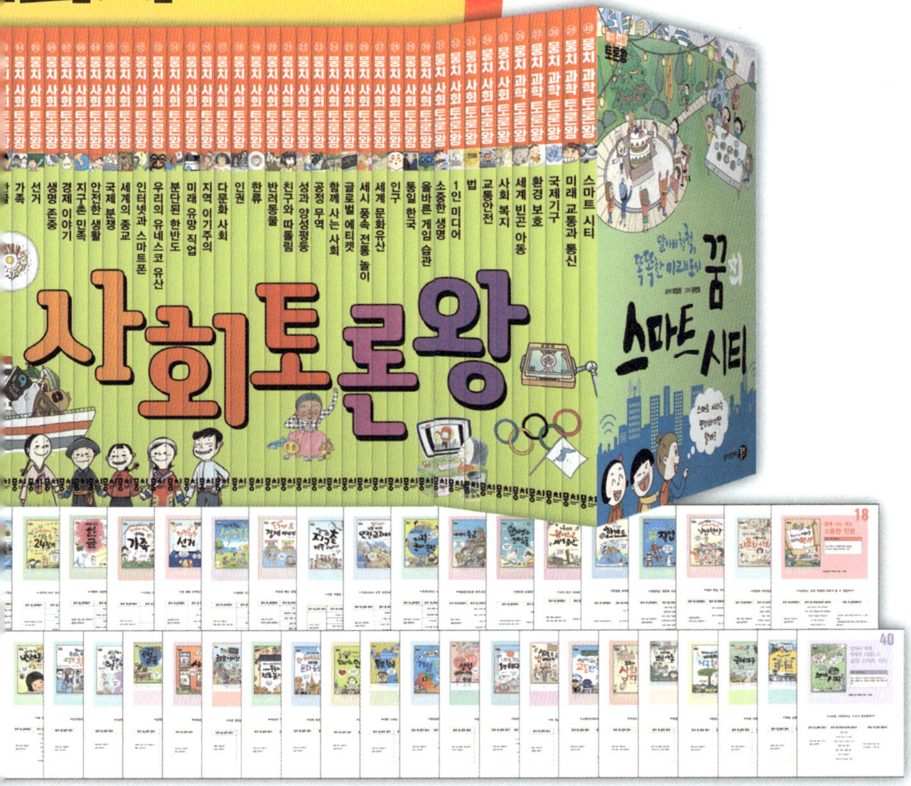

이제 토론이 공부다!
과학토론왕

과학토론왕 40권 + 독후활동지 40권
전 80종 / 정가 580,000원

이제 토론이 공부다!
사회토론왕

사회토론왕 40권 + 독후활동지 40권
전 80종 / 정가 580,000원

한우리 추천도서
경향신문 추천도서
경기도 초등토론 교육연구회 추천
경기도 지부 독서 골든벨 선정도서
환경정의 어린이 환경책 권장도서
한국 아동문학인협회 우수도서
학교도서관 사서협의회 추천도서

서 선정 도서! ✓활용 만점 독후 활동지 각 권 제공!
문가들이 강력 추천한 책!

01 우리 땅 독도
02 생활 속 24절기
03 세계를 담은 한글
04 정정당당 선거
05 우리의 유네스코 세계 유산
06 좋아? 나빠? 인터넷과 스마트폰
07 함께라서 좋아! 우리는 가족
08 한민족, 두 나라 여기는 한반도
09 너도 나도 똑같이 생명 존중
10 돈 나와라 뚝딱! 경제 이야기
11 시끌시끌 지구촌 민족 이야기
12 앗! 조심해! 나를 지키는 안전 교과서
13 바람 잘 날 없는 지구촌 국제 분쟁
14 믿음과 분쟁의 역사 세계의 종교
15 인공 지능으로 알아보는 미래 유망 직업
16 지역 이기주의 님비 현상
17 더불어 사는 다문화 사회
18 함께 사는 세상 소중한 인권
19 세계를 사로잡은 문화 콘텐츠 한류
20 변치 않는 친구 반려동물
21 왕따는 안 돼! 우리는 소중한 친구
22 여자? 남자? 같은 것과 다른 것! 성과 양성평등
23 모두가 행복한 착한 초콜릿, 아름다운 공정 무역
24 우리는 이웃사촌! 함께 사는 사회
25 틀린 게 아니라 다른 거라고? 글로벌 에티켓
26 신통방통 지혜가 담긴 우리의 세시 풍속과 전통 놀이
27 출발, 시간 여행! 유네스코 세계 문화유산
28 아이는 줄고! 노인은 늘고! 달라지는 인구
29 우리는 하나! 세계로! 미래로! 통일 한국
30 레벨업? 셧다운? 슬기로운 게임 생활, 벗어나요 게임 중독
31 살아 있어 행복해! 곁에 있어 고마워! 소중한 생명
32 나도 크리에이터! 시끌벅적 1인 미디어 세상
33 뚜아뚜아별의 법을 부활시켜라! 생활 속 법 이야기
34 하늘 · 땅 · 바다 어디서나 조심조심! 어린이를 위한 교통안전
35 함께 만들어요! 함께 누려요! 모두의 사회 복지
36 위아더월드, 도움의 손길이 필요해요, 세계 빈곤 아동
37 환경 덕후 오총사가 간다, 지켜라! 지구 환경
38 전쟁 NO! 평화 YES! 세계를 이끄는 힘, 국제기구
39 더 멀리, 더 빠르게! 미래 교통과 통신
40 알아서 척척, 똑똑한 미래 도시, 꿈의 스마트 시티

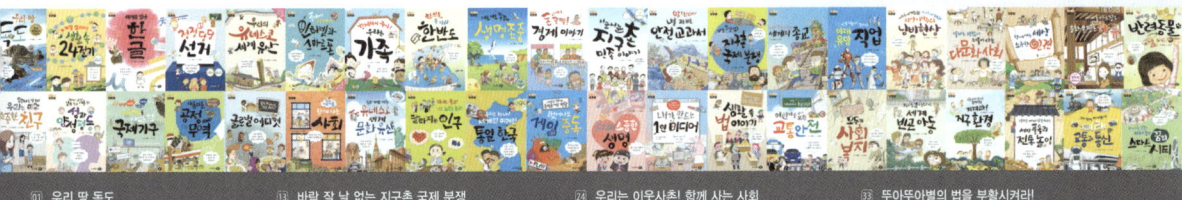

경기도 사서협의회 추천도서 | 한국교육문화원 추천도서 | 아침독서 추천도서

100만 부 판매 돌파!

수학이 쉬워지고, 명작보다 재미있는
뭉치수학왕

정부 기관 선정 우수 도서상을 많이 수상한 믿을 수 있는 시리즈!

뭉치 수학왕 시리즈는 미래의 인재로 키워 줘!

"인공지능(AI) 시대의 힘은 수학에서 나온다!"

개념 수학

〈수와 연산〉
1 양치기 소년은 연산을 못한대
2 견우와 직녀가 분수 때문에 싸웠대
3 가우스, 동화 나라의 사라진 0을 찾아라
4 가우스는 소수 대결로 마녀들을 물리쳤어
5 앨런, 분수와 소수로 악당 히들러를 쫓아내라
6 약수와 배수로 유령 선장을 이긴 15소년

〈도형〉
7 헨젤과 그레텔은 도형이 너무 어려워
8 오일러와 피노키오는 도형 춤 대회 1등을 했어
9 오일러, 오즈의 입체도형 마법사를 찾아라
10 유클리드, 플라톤의 진리를 찾아 도형 왕국을 구하라
11 입체도형으로 수학왕이 된 앨리스

〈측정〉
12 쉿! 신데렐라는 시계를 못 본대

13 알쏭달쏭 알라딘은 단위가 헷갈려
14 아르키는 어림하기로 걸리버 아저씨를 구했어
15 원주율로 떠나는 오디세우스의 수학 모험

〈규칙성〉
16 떡장수 할머니와 호랑이는 구구단을 몰라
17 페르마, 수리수리 규칙을 찾아라
18 피보나치, 수를 배열해 비밀의 방을 탈출하라
19 비례배분으로 보물섬을 발견한 해적 실버

〈자료와 가능성〉
20 아기 염소는 경우의 수로 늑대를 이겼어
21 파스칼은 통계 정리로 나쁜 왕을 혼내 줬어
22 로미오와 줄리엣이 첫눈에 반할 확률은?

〈문장제〉
23 개념 수학–백점 맞는 수학 문장제①
24 개념 수학–백점 맞는 수학 문장제②
25 개념 수학–백점 맞는 수학 문장제③

융합 수학
26 쌍둥이 건물 속 대칭축을 찾아라(건축)
27 열차와 배에서 배수와 약수를 찾아라(교통)
28 스포츠 속 황금 각도를 찾아라(스포츠)
29 옷과 음식에도 단위의 비밀이 있다고?(음식과 패션)
30 꽃잎의 개수에 담긴 수열의 비밀(자연)

창의 사고 수학
31 퍼즐탐정 셜렁홈즈①–외계인 스콜피오스의 음모
32 퍼즐탐정 셜렁홈즈②–315일간의 우주여행
33 퍼즐탐정 셜렁홈즈③–뒤죽박죽 백설 공주 구출 작전
34 퍼즐탐정 셜렁홈즈④–'지지리 마란드러' 방학 숙제 대작전
35 퍼즐탐정 셜렁홈즈⑤–수학자 '더하길 모테'와 한판 승부

36 퍼즐탐정 셜렁홈즈⑥–설국언차 기관사 '어러도 달리능기라'
37 퍼즐탐정 셜렁홈즈⑦–해설 및 정답

수학 개념 사전
38 수학 개념 사전①–수와 연산
39 수학 개념 사전②–도형
40 수학 개념 사전③–측정·규칙성·자료와 가능성

독후 활동지

본책 40권+독후 활동지 7권
정가 580,000원